spot

DEPORTES

ESQUÍ ALPINO

por Mari Schuh

AMICUS | AMICUS INK

puerta

esquís

Busca estas palabras e imágenes mientras lees.

casco

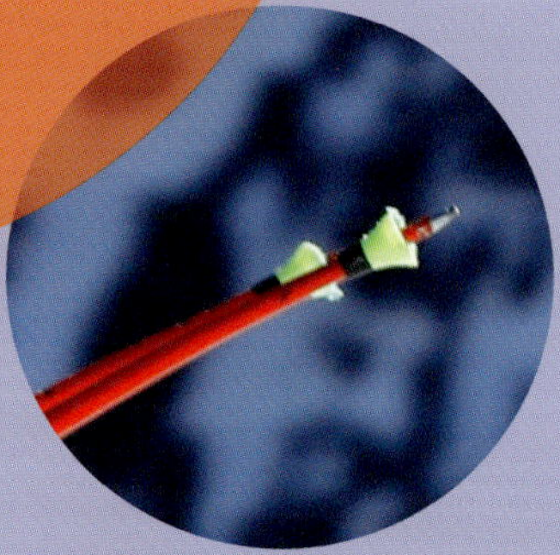

bastones

Un esquiador baja por una colina nevada. ¡La carrera está en marcha!

Los 30 mejores esquiadores llegan a la carrera. Cada uno toma un turno. ¡El mejor tiempo gana!

CAFFE
LATTE

¿Ves la puerta? Marca el camino de la carrera. Los esquiadores las rodean.

puerta

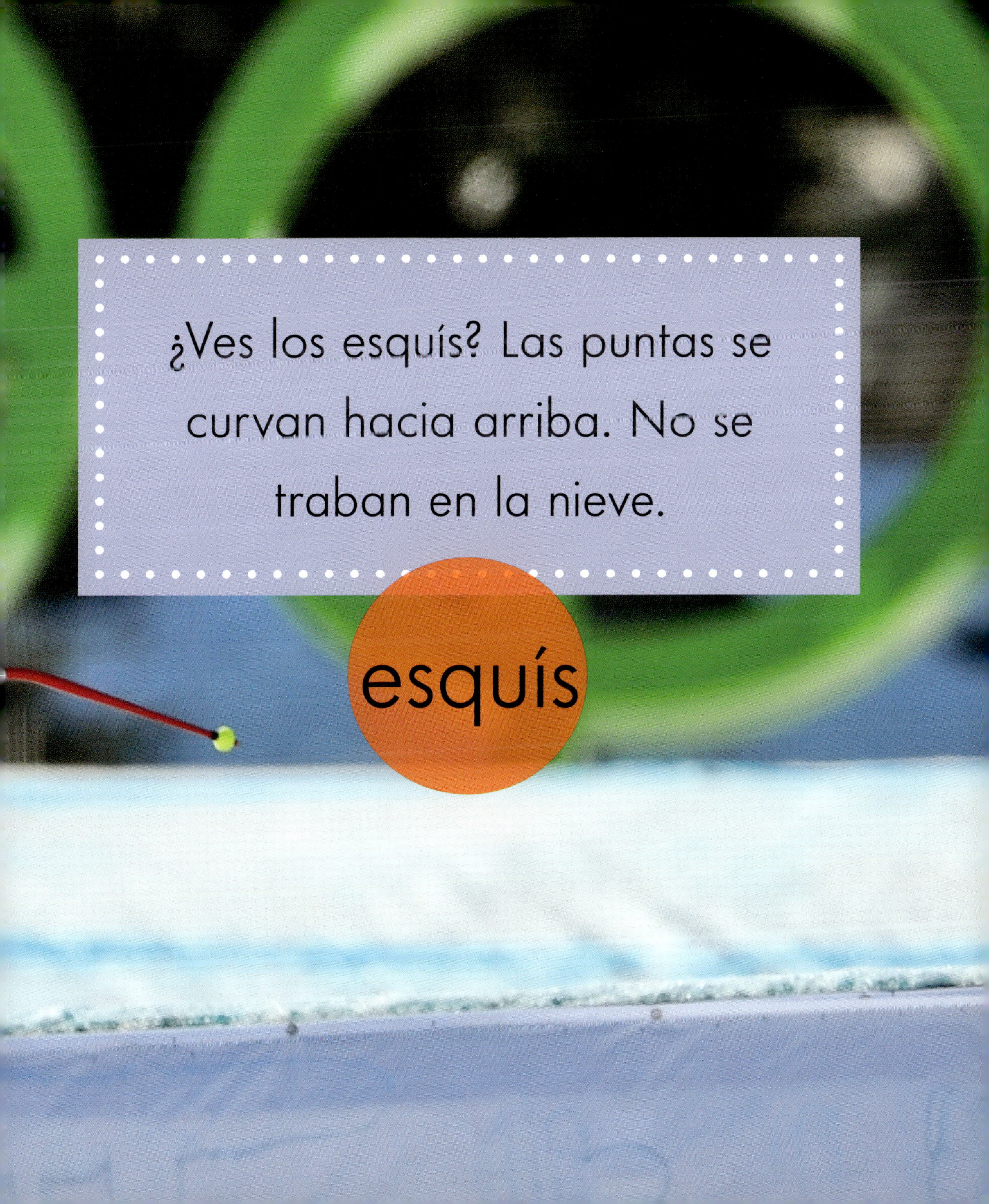

¿Ves los esquís? Las puntas se curvan hacia arriba. No se traban en la nieve.

esquís

¿Ves el casco?
Una esquiadora se cae.
El casco la mantiene a salvo.

casco

Chang 2018
LEKI

¿Ves los bastones? Son curvos. Encajan alrededor del esquiador.

bastones

HEAD
Crèdit
swisscom
DESCENTE

La esquiadora se agacha.
Ella terminó en 1 minuto.
¡Ella gana!

puerta

esquís

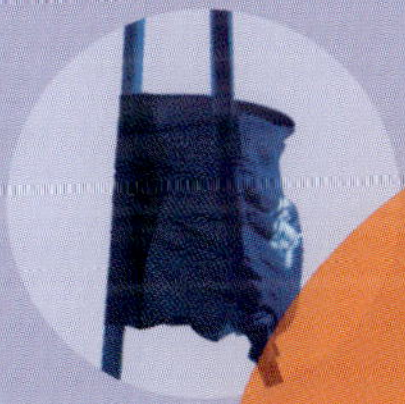

¿Lo encontraste?

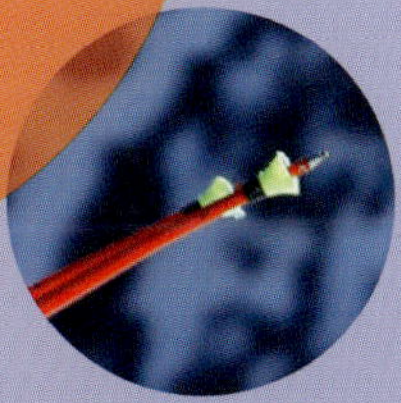

casco

bastones

Spot es una publicación de Amicus y Amicus Ink
P.O. Box 1329, Mankato, MN 56002
www.amicuspublishing.us

Library of Congress Cataloging-in-Publication Data
Names: Schuh, Mari C., 1975- author.
Title: Esquí alpino / Mari C. Schuh.
Other titles: Downhill skiing. Spanish
Description: Mankato, MN : Amicus, 2021. | Series: Spot Deportes | Audience: Ages 4-7 | Audience: Grades K-1 | Summary: "North American Spanish translation of Spot Downhill Skiing. Elementary sports fans slalom down the bunny hill while learning key vocabulary in this high-interest leveled reader about downhill skiing. Simple text and color photos touch on basic equipment, rules, and safety"-- Provided by publisher.
Identifiers: LCCN 2019050292 (print) | LCCN 2019050293 (ebook) | ISBN 9781645491880 (library binding) | ISBN 9781681527178 (paperback) | ISBN 9781645492146 (pdf)
Subjects: LCSH: Downhill skiing--Juvenile literature.
Classification: LCC GV854.315 .S3618 2021 (print) | LCC GV854.315 (ebook) | DDC 796.93--dc23
LC record available at https://lccn.loc.gov/2019050292
LC ebook record available at https://lccn.loc.gov/2019050293

Impreso en los Estados Unidos de America

HC 10 9 8 7 6 5 4 3 2 1
PB 10 9 8 7 6 5 4 3 2 1

For Natalie of Fairmont, Minnesota —MS

Gillia Olson, editora
Deb Miner, diseñadora de la serie
Aubrey Harper, diseñadora de libro & investigación fotográfica

Créditos de las imágenes: AP/Gabriele Facciotti 4–5, 12–13, GEPA pictures/Christian Walgram 1, 16, Luca Bruno 10–11, Mark J. Terrill 8–9, Mark Reis 14–15, Nathan Bilow 3; iStock/technotr cover, 6–7